DE LA LIBERTÉ

DE LA PRESSE

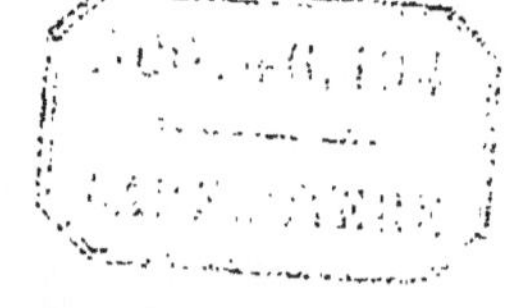

SOUS LE GOUVERNEMENT

DU GÉNÉRAL BUONAPARTE.

DE LA LIBERTÉ

DE LA PRESSE

SOUS LE GOUVERNEMENT

DU GÉNÉRAL BUONAPARTE.

N°. Ier.

A PARIS,

CHEZ LES MARCHANDS DE NOUVEAUTÉS.

1er. septembre 1814.

DE LA LIBERTÉ

DE LA PRESSE

SOUS LE GOUVERNEMENT

DU GÉNÉRAL BUONAPARTE.

On donnera quelques articles sérieux ou plaisants sur la censure des livres, depuis 1809 jusqu'au 31 mars 1814 : on rappellera les bornes où se renfermaient, sous nos rois, le directeur-général de la librairie et ses commis. En attendant, voici quelques passages que Buonaparte ordonna de supprimer d'un livre qui était fort répandu (1). Il était tard d'arrêter le poison ; l'ouvrage avait eu six éditions. La censure, timide sous M. Portalis, ne raya d'abord que des mots, puis des lignes. M. le général de Pommereuil sup-

---

(1) C'est une Biographie militaire, contenant les généraux les plus célèbres, français, russes, anglais, prussiens, autrichiens, espagnols, etc., par M. de Châteauneuf.

prima des pages, des chapitres, confisqua des volumes, des éditions entières, ou les fit mettre au pilon. Et quels livres ! il n'y avait pas un libelle. Une maxime religieuse ou philosophique prise dans Bossuet, dans Montesquieu, une réflexion sur les malheurs de la guerre, choisie dans Massillon, le mot de liberté, non pas cette liberté sauvage que nous avons vu armée de piques et de sanglants décrets, mais cette divinité des cœurs nobles, que les Anglais adorent chez eux, que tout Français peut invoquer sous le meilleur des Rois; voilà ce qui était redouté du tyran et rayé par les censeurs. Chaque mois, chaque jour apportait une preuve nouvelle de la crainte que l'indépendance de l'esprit cause à la force qui opprime, de la sottise des visirs de la pensée et de la dégradation des Français.

« L'injustice à la fin produit l'indépendance. »
VOLTAIRE.

Permis d'imprimer en 1804. Supprimé en 1810.

« Quel fut le plus vanté des conquérants

que Rome a produits, le plus regretté lorsqu'il tomba surpris sous le poignard d'une main parricide? Ce fut le plus humain, le plus généreux des empereurs, clément jusqu'à être obligé de s'en repentir. Ce héros, *le plus semblable à Alexandre-le-Grand, mais à Alexandre sobre et maître de sa colère* (1); ce vainqueur de Pompée, qui pleura la mort de son rival lorsque sa perte lui livrait Rome et l'empire de l'univers. Et parmi nous, n'en doutons pas, un trait d'humanité survivra au fragile éclat des conquêtes. L'avenir dédaignera d'apprendre les noms de tant de provinces envahies : l'esprit accablé du nombre de nos combats, refusera de se charger de dates, de siéges et de batailles indécises ; mais la mémoire du cœur retiendra à jamais ce trait d'humanité du bon Henri : à la bataille d'Ivry ses soldats s'acharnaient sur les vaincus. « Sauvez-les, s'écria-t-il, ce sont des Français. »

Cette citation de Massillon disparut du

___

(1) Patercule.

discours préliminaire comme une allusion,
en 1811.

« La gloire des conquêtes est toujours souillée de sang : c'est le carnage et la mort qui nous y conduisent, et il faut faire des malheureux pour se l'assurer. L'appareil qui l'environne est funeste et lugubre, et souvent le conquérant lui-même, s'il est humain, est forcé de verser des larmes sur ses propres victoires. Si les hommes se donnaient des maîtres, ce ne serait ni les plus nobles ni les plus vaillants qu'ils se choisiraient ; ce serait les plus tendres, les plus humains ; des maîtres qui fussent en même temps leurs pères. Le titre de conquérant n'est gravé que sur le marbre ; le titre de père du peuple est gravé dans les cœurs. »

———

Supprimé en 1810, comme pouvant rappeler les expressions de Buonaparte, dans le Moniteur et dans les bulletins, où il avait insulté une reine malheureuse, et dit d'un roi qui lui abandonna sa capitale :

« *Il est impossible de trouver un prince plus sot et plus débile.* »

« Toutes les relations de nos premiers combats sont remplies d'expressions sauvages. Là, nos ennemis sont représentés comme des lâches, lorsqu'ils ont disputé, pendant trois jours, le gain d'une bataille ; comme les satellites des tyrans, lorsque nous, malheureux, nous avions pour maître Robespierre ! »

————

Supprimé en 1812.

« Le silence dans un historien est plus qu'un mensonge ; il est une faiblesse et un hommage secret aux tyrans, redoutables encore lorsqu'ils sont abattus. Si un lecteur craint la peinture des cruautés qui ont déshonoré le gouvernement de 1793, la moitié de sa servile assemblée et de ses tribunaux sanguinaires, c'est que son cœur l'accuse et le poursuit. Quels sont les hommes qui voudraient briser les burins de l'histoire ? Les mêmes qui craignent qu'une main hardie ne révèle leurs attentats, qu'ils croient oubliés parmi les honteuses lois, les forfaits et les glorieux événements qui re-

posent confondus dans les vastes archives
de la révolution.

———

« La main s'indigne et frémit en retraçant
tant de crimes ; une horrible crainte s'empare
de l'historien, élève sa voix et la fait retentir
jusqu'aux maîtres des empires ; un désir
effréné du pouvoir, la multitude de nos maîtres, une liberté insensée à la tribune, un
grossier langage et de sauvages mœurs, le
démenti donné par nos législateurs à toutes
les vérités anciennes, l'athéisme révélé au
peuple dans nos temples profanés, ame-
nèrent ces incroyables changements dans
la nation la plus humaine de l'univers ; elle
devint aveugle et barbare par les fausses lu-
mières et la férocité de ses tyrans. »

———

Cet éloge des Anglais et de leur consti-
tution irrita le Corse ; il fit confisquer
tous les exemplaires pour vingt lignes qui
lui avaient déplu.

« Le général Dampierre passa, en 1782,
en Angleterre, dont il estimait le gouver-

nement, comme tous les hommes libres.
Ami des grands orateurs de cette nation, il
voulut contempler ce fier parlement qui
donne des lois, accorde ou refuse à ses sou-
verains, seul temple de la liberté avant
l'indépendance donnée aux États-Unis par
Francklin et Washington. Si les objets éloi-
gnés inspirent un respect plus grand, ce
qu'il vit à Londres ne produisit point ce
changement dans l'esprit de notre voyageur,
et son séjour augmenta son admiration pour
le gouvernement anglais, peut-être le plus
parfait qui existe. Rien ne put ébranler la
fermeté de son opinion ; malgré son vœu de
le combattre comme l'ennemi de la France,
il dit toujours que les hommes n'étaient pas
la chose, et que c'était celle-ci qu'il fallait
admirer dans le système anglais. Cette réu-
nion d'éléments divers, ce lien singulier qui
unit les pouvoirs de la nation et du roi, la
liberté dont tout Anglais jouit dans sa patrie,
enfin la solidité de cet édifice, dont le roi,
le principal appui, peut tomber en démence,
ou être remplacé par un successeur, sans
aucun ébranlement, sans secousses dange-
reuses pour le peuple, lui paraissait le chef-

d'œuvre des conceptions. En deçà, tout lui semblait despotisme; au delà, fausse égalité, tyrannie du peuple et confusion. »

L'Attila moderne versa des flots d'encre sur le passage suivant, et déchira le volume avec ses dents (1807).

« Ceux qui veulent qu'on éloigne de nos yeux ces tableaux des calamités de la guerre, devaient savoir que c'est le récit des actions inhumaines qui en prévient le retour. Peut-être y a-t-il eu moins de mauvais rois et de destructeurs farouches, depuis que l'histoire punit ceux qui ont fait le malheur du genre humain, et qu'elle s'offre toujours menaçante aux tyrans que la flatterie voudrait rassurer contre la haine de leurs contemporains et le jugement de l'inexorable avenir ».

Retranché en 1810, comme allusion à la guerre contre l'Espagne.

« Un Etat n'est jamais si redoutable au-dehors, dit Montesquieu, que lorsqu'il est dans les horreurs d'une révolution. Mais les rois savent-ils profiter des leçons de l'histoire, et lisent-ils Montesquieu ? »

———

La censure fit disparaître ce portrait du général Kléber, imprimé pour la première fois en 1806.

« Kléber est le plus grand homme de guerre de la révolution, *si on excepte, en France, une seule grande renommée* (1). Il joignait l'enthousiasme d'un républicain au sang-froid d'un général, la science au génie, la force à la beauté, et l'expressive fierté du regard à une voix dont l'éclat arrêtait les séditions et couvrait les murmures de son armée. Nos soldats le nommaient le dieu Mars. Il porta dans les camps le mépris de ces richesses qui sont des dépouilles. Il ne se précipita pas dans la révolution. Il parut l'ennemi de la liberté, parce qu'il haïssait l'indiscipline, la licence et les lois inhumaines. Lorsque sous des gouvernements

———

(1) Toute la France et les armées reconnurent Moreau,

plus doux il vit la gloire de nos armes croître avec sa renommée, *il ne respira l'ardeur des combats que pour porter chez les nations soumises la liberté qu'il adorait.* On l'a entendu exprimer le regret de n'être pas né sur un trône de l'Asie pour y faire lui seul une révolution. Avec un génie éminent pour la guerre, il n'eut jamais, en Europe, le commandement en chef d'une armée. C'est qu'il ne sut ni adoucir la vérité, ni pardonner les fautes de ceux qui gouvernaient; il disait qu'il fallait une opposition à côté d'une grande autorité. Cette franchise lui fut funeste, etc. »

———

« Le général Beysser eut dans le caractère ce qui élève les hommes dans les révolutions; l'envie contre les riches, la haine des rangs, l'amour feint de l'égalité, et l'audace qui brave le pouvoir quand il s'affaiblit. On reproche à ce général, non d'avoir passé dans les rangs de ceux qui voulurent la liberté, *mais d'en avoir souillé le berceau.* En 1793 il dévasta les églises et profana les vases sacrés. Condamné à mort par le tribunal révolutionnaire, pour avoir conspiré dans les prisons contre Robespierre, il pleura ses crimes dans ce dernier moment où les remords restent et l'illusion disparaît. »

« Il est des temps où une nation n'a rien de mieux à faire que de souffrir l'usurpation, *lorsqu'elle ne se joint pas à l'intolérance et à la cruauté.* »

« Ce devoir (de la vérité) n'est que la tardive justice de l'histoire. Quand la France ne lui devrait que le seul bien d'empêcher les mêmes erreurs et les mêmes crimes de se reproduire, l'histoire serait une des plus belles fonctions de la république des lettres, qui a rendu tant d'autres services au genre humain. »

Le second numéro offrira, dans d'autres ouvrages, des suppressions encore plus singulières. Croira-t-on que la censure força un écrivain de substituer le nom de *sultan* à celui de *despote en amour*, donné au coq dans un poëme italien, imprimé chez M. Didot l'aîné, en 1810? Le poëte objecta que c'était rompre la mesure du vers et affaiblir sa pensée. Le censeur répondit que

Buonaparte reconnaîtrait moins un vers boi-
teux qu'une allusion.

Tout semblait allusion à ce maître absolu,
comme dans Molière tout semble lavements
à M. de Pourceaugnac ; c'était le cas de dire
comme ce gentilhomme Limousin : « Je n'ai
jamais été si sou de tant de sottises. »

www.ingramcontent.com/pod-product-compliance
Lightning Source LLC
Chambersburg PA
CBHW061716050726
47598CB00004B/1867